우리는 모두 달라요

특별한 방법이 필요한 아이들을 이해하기 위해

오치아이 미도리 지음
미야모토 신야 의학해설
후지와라 히로코 일러스트
유정이 감수

푸른길

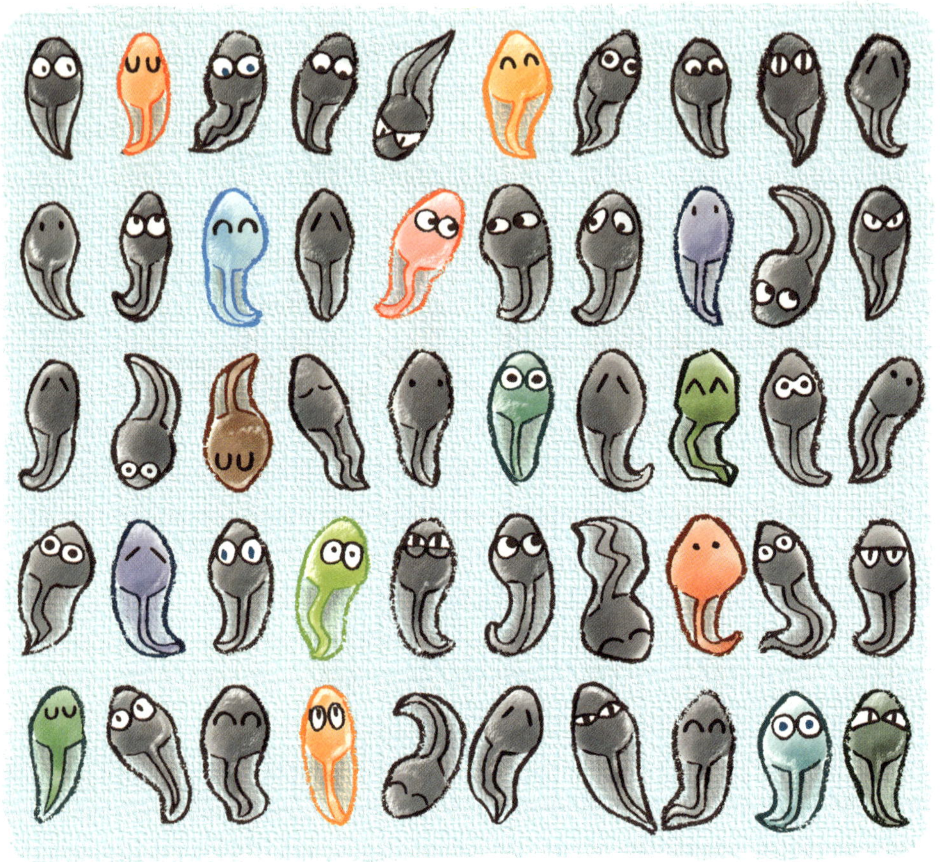

올챙이가 아주 잔뜩 있어.

모두 비슷해 보이는데…….

자~알 들여다봐 봐.

한 마리, 한 마리, 조금씩 달라.

자라는 속도도 모두 달라.

이 아이한테는 별 거 아닌 것이, 저 아이한테는

대단히 중요한, 그런 것도 있을지 몰라.

아이는 누구나 한 사람 한 사람이 다르며 모두 각자 반짝임을 가지고 있습니다. 조금 특이한 아이나 다른 사람과는 다른 행동을 하는 아이, 기발한 발상을 하는 아이는 곧잘 '개성이 풍부한 아이'라는 말을 듣습니다. 한편으로 곤란한 아이, 말 안 듣는 아이, 제멋대로인 아이라는 말을 듣는 아이도 있습니다. 그러나 이러한 아이들 중에는 다른 이들과는 같지 않은 발달의 허들을 지고 있는 아이도 있습니다.

이러한 아이들은 장애를 갖고 태어났기 때문에 다른 사람은 헤아리기 어려운 노력을 하면서 불안한 매일을 보내고 있습니다. 그럼에도 불구하고 그들의 장애를 알지 못한 채 응석을 부린다든가 예의가 없다고 평가하며 심하게 대하고 있지는 않나요? 도와주길 바라는 SOS를 자기 나름대로의 방법을 써서 열심히 발신하고 있는데…….

이 그림책에 등장하는 개구리 아이들은 그냥 보면 보통 아이들처럼 보이지만 발달장애가 있는 아이들입니다. 읽어 나가면서 그러한 아이들이 안고 있는 장애를 알고 각각의 장애에 대응하는 방법이 필요하다는 것에 대해 이해해 주시기를 바라며 이 책을 만들었습니다. 책 끝에는 근거가 되는 간단한 의학 해설도 있습니다.

먼저 여러분이 그들의 시선으로 상황을 다시 바라보는 것부터 익혀 나가기를 이 책은 기대하고 있습니다.

올챙이한테 손이랑 발이 생기면
개구리가 된다는 것 알고 있지?

이제부터 시작하는 이야기는
아직 꼬리가 있거나
이제 막 개구리답게 변한
아기 개구리들의 이야기야.

1

저것 봐, 풀잎에서 떨어지고 있는 아이가 있어.
어떻게 된 걸까?

어!
스스로 자기 몸을 움직이는 방법을 모른다고?
자기 손, 자기 발인데 잘 사용할 수가 없는 거구나.

그러면 다른 아이가 하는 대로
따라하는 것도 못하겠네.

가만!
오른쪽이랑 왼쪽, 위랑 아래가 헷갈리기도 하고,
물건들을 구별하는 게 안 되기도 하고…….
여러 가지 소리가 뒤죽박죽으로 들리기도 하고,
어디서 소리가 나는 건지 알아채지 못하기도 하고…….

그거 큰일인 걸!

오늘의 공부
개구리

갸규리?
ㄱ??아
개우ㄹㅇ

문제
• 개구리의 숫자는?
• 잎사귀의 숫자는?
• 어느 쪽이 많아?

소리는 들리지만
듣고 있는 소리가 구별되지 않는다면
사물의 이름은 외울 수가 없겠네.

눈은 보이지만
보고 있는 것을 구별할 수가 없다면
뭐가 뭔지 알 수 없어.

글자를 읽거나 쓰는 것도 무척 어려워!

숫자를 세어서 계산하는 것도 엄청 고생이라고!

이 아이는 참을성이 없는 게 아냐.
공부하는 데 게으름 피우는 것도 아냐.
할 수 있는 힘은 있지만, 다른 아이와 같은 방법으로는
잘 할 수 없는 거야.

그건,
자기에게 맞는 방법을 가르쳐 준다면
좀더 잘 할 수 있다는 게 아닐까?

ㄹ 소리 나는 방식의 공부

ㅎ 보고 구별하는
법과
듣고 구별하는
법의 공부

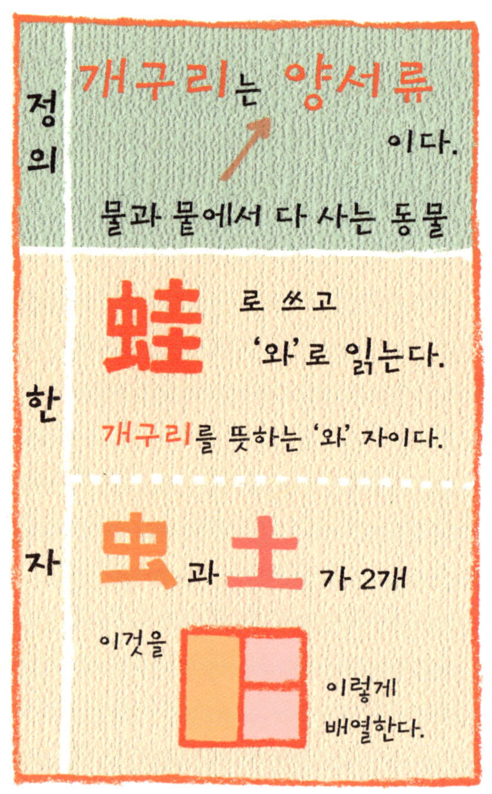

글자가 잘 안 외워지는 건 어째서일까?
계산하는 것이 어려운 건 왜일까?

이렇게 생각하다 보면 떠오르는 게
분명 잔뜩 있어.

다른 아이들이 달려 오르는 계단을
천천히 올라가는 것이구나.
한 계단, 한 계단씩
함께 걸어가면서
가르쳐 주는 선생님이 있다면 고맙겠네.

개구리 선생님의 특별지도
(두 번째)
고집이 센 아이

어라, 무슨 일일까?

2

저런, 저런!
초록색 이파리에 갈색은 두드러져 보여.
"얼른 색깔을 바꿔야 해!"
"뱀한테 먹혀 버릴 거야!"라고
가르쳐 주었는데도
듣지 못한 걸까?

이파리 색을 바꿨어요.

그런 게 아니야.
이 아이는 귀가 들리지 않는 것도 아니고,
혼자서 제멋대로 굴고 있는 것도 아니야.
주변 색깔에 맞춰서
몸 색깔을 바꿀 수가 없는 거야!
그리고 자기가 갈색이라서,
초록색 이파리 위에 있으면 무척 눈에 띈다는 것도
모르는 것 같아.

잠깐만. 지금 이파리 색깔을 바꿔 줄게.
자, 봐. 이러면 안심이지?

있잖아,
신기한 벌레를 찾았어!
그쪽에
거미줄이
있었어!
저쪽에
뱀이 있어!

이 아이는 언제나 이파리 위에서
모두가 수다 떠는 걸 듣고 있어.
"그런 데 혼자 있지 말고 이쪽으로 와!"라고
친구가 불러도 이파리에서 내려오지 않는 거야.

결국에는
"이제 됐어. 친구 안 해!"
이런 말을 듣게 돼.

그렇지만
이 아이가 이파리에서 내려오지 않는 건
모두를 미워해서 그런 것도 아니고
하고 싶은 말을 참고 있는 것도 아니야.
어떻게 해야 좋을지 알 수 없는 게
아직 너무 많아서 그래.

그래서 선생님은 이런 그림을 그려 봤어.

다른 아이들은 '이런 거 굳이 가르쳐 주지 않아도
다 알아!' 하고 생각할지도 몰라.
그렇지만 이 아이는, 주변의 상황이나
뱀이나 거미가 어디에 있는지 확실하게 해서
이제부터 어디에서 어떤 일이 일어날지
알아 두지 않으면 불안한 거야.

이렇게 가르쳐 준다면…….

19

이거 봐, 이파리에서 내려왔어.
그림으로 그려 알려 준 길에 표지판이 붙어 있다면
더 좋을 거야.

그래 그래. 이 아이는 이파리를 가지고 있으면 안심할 거야.
휴대용의 작은 이파리도 잊지마!

이 이파리는 몸을 숨기기 위한 것이 아니라 스스로 침착해지기 위한 감각 안심 물건이다.

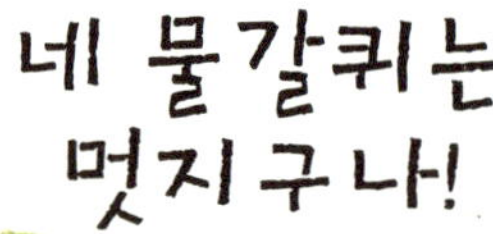

네 물갈퀴는 멋지구나!
어째서 중얼거리는 거야?
살쪘네!
우리 친구지?
가재 먹니?
생일은 언제야?
이름은?
잘 들릴 것 같은 큰 귀구나!
어떤 개구리와 친척이니?
무당개구리는 아니?

3

이런!
이 아이는 황소개구리 씨한테
질문공세를 펴고 있어.

친구를 많이 좋아한다는 건 알겠지만
황소개구리 씨가 곤란해 보이네.

이번에는 황소개구리 씨가
녹초가 되어 버렸을 때
"놀자!", "괜찮아?", "피곤해?"
라고 계속 묻고 있어.

그리고는 황소개구리 씨가 왜 화를 내는 건지
모르겠다며 오히려 자기가 화를 내는군.

시끄러워
너 이상해!
왜 화 내는 거야!
못됐어!
대답해 줘!
이제 친구 안 해!

그러니까 이렇게 공부하자

“기분은 얼굴에 드러난다.”라고 곧잘 말하지만

이 아이에게는 너무 어려운 일이야.

얼굴을 보는 것만으로는 상대방의 기분을 알 수가 없는 거야.

아프다

억울하다

기쁘다

슬프다

피곤하다

어렵구나…….

모두 각자 '기분'이 있어요.

그래, 자기가 재밌다고 해서
친구도 재밌어 한다는 보장은 없어.
자기가 화났다고 해서 친구도 화를 낸다는 보장은 없어.

자기랑 똑같은 '기분' 을 친구도 갖고 있다고는
보장할 수 없어.
이런 것도 공부해야 해.

"지금 말해도 돼?" "고마워." "미안해."
이런 인사말을 하는 것만으로
충분히 '기분'이 좋아져.

◎ 한 번에 잔뜩 말하지 않기

◎ 대답을 잘 듣기

◎ 테마를 정하기

나도 친구도 둘 다 재밌는 '기분'이 되려고
말하기 규칙이 있는 거야.

4

이 아이는 한 번에 여러 가지에 흥미를 가지다 못해서
지금 뭘 하려고 했는지도
잊어버리고 말았나 봐.
이것저것 하다 말고서는
자기 물건뿐만 아니라 소중하게 아껴 두었던
'보물'도 잃어버렸어.
그래서 항상 혼나고 말아.

무척 좋아하는 것을 잃어버리고 풀 죽어 있을 때
"조심해야지!" 같은 말을 들으면
더 슬퍼지고 말겠지.
그러니까 이런 아이가 있다면
"딴 일을 하고 있네!"
"뭐 잊은 것 없니?" 하고
가르쳐 주면 좋겠어.

이 아이는 '이번에야말로 제대로 해야지!' 라고 생각하고 있지만
여러 가지가 한꺼번에 보이면
어쩔 줄 모르게 돼.
그러니까 쓸데없는 일은 제끼고
해결한 일을 하나씩 칭찬해 주면 진짜 기뻐할 거야.

그래, 잘 잊어먹고 쉽게 질리니까
잊어먹기 전에 시작해서 질리기 전에 끝내는 게
딱 좋겠지.

5

좋아하는 것이라면 언제까지나 붙잡고 있구나.
좋아할 뿐만 아니라 많이 아는 아이도 있지.
많이 아는 사람을 박사라고 하는 거 알고 있니?

주변을 살피지 못할 정도로 집중한다는 것은
멋진 일이야!

그렇지만 위험한 면도 있지.

게다가 좋아하는 것만 하고 있으면
어른들이 이런 말을 하지 않니?
"더 중요한 일이 잔뜩 있잖니!"라고.

많이 아는 건 좋지만
아무 때나 어디서나 말을 많이 하는 건 좋지 않단다.
일하는 데 방해가 되지 않도록
조심하지 않으면 안 돼.

그래, 특히 잘하는 것이나 좋아하는 것이라면
챔피언이 될 수 있을지도 몰라.

그래도 해도 좋은 것이랑 하면 안 되는 것을
확실히 구별해야 해.

6 어? 이 아이는 주변에 있는 아이의 행동을
오해한 모양이야.

미안해~!
무심코 손이 나가고 말았어~.
그치만 이게 정말 내가 한 건가?
살짝 맞았을 뿐인데~.
그게 말야~
네가 갑자기
뛰어나오니까……
갑자기 손이
눈앞으로
튀어나왔어.
난 계속 여기
있었거든!!

내가 움직이는 범위

아무래도 자신과 친구 양쪽이
움직일 만큼의 거리를 두지 않고
친구에게 너무 가까이 붙어 있어서 부딪친 모양이야.
영문도 모른 채 친구를 치고는
나중에 당황해 버린 거지.

그럴 때에는 아무것도 없는 자리에
공기로 된 공이 있다고 생각하면 이해하기 쉬워.
이런 방법을 가르쳐 주면 훨씬 좋을 거야.

그리고 컥 하고 화내기 전에
이런 연습도 해 보자.

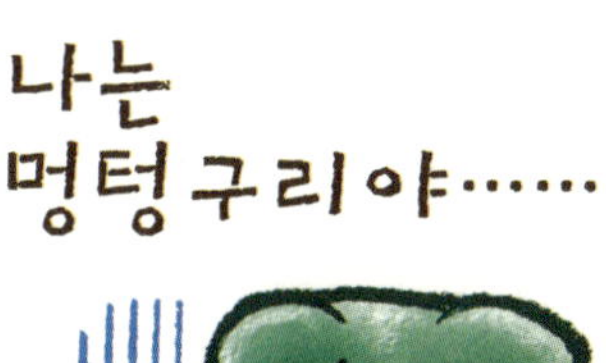

'기분'을 바꿔서
가라앉혀 보자는 거야.

여기서
잠깐 생각해
보자!!

자 지금까지 여러 개구리들이 등장했어.

'난처하네.' 라고 생각하겠지만
가장 난처해 하는 건 누구겠어?

그건, ……바로 그 아이 자신이 아닐까!

처음부터 나무에 오르지는 못한다.

흙 위에도 있지 못한다.

너는 잊어버렸을지도 모르지만
너도 아기였던 적이 있어.

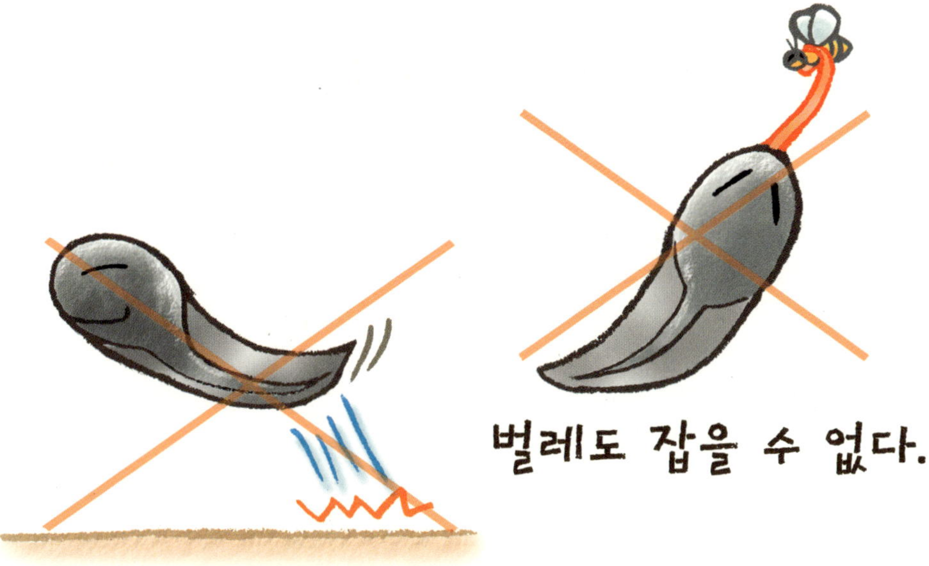

멋지게 점프하지도 못한다.

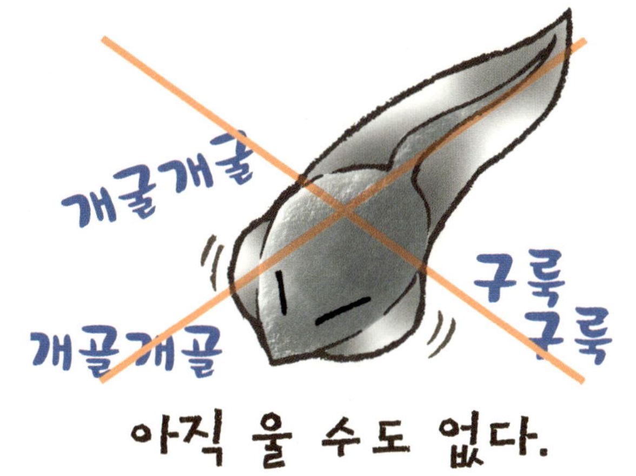

아직 울 수도 없다.

처음부터 잘하는 아이는 아무도 없어.
누구나 하나하나 익혀서
점점 할 수 있게 되는 거야.

이런 아이도

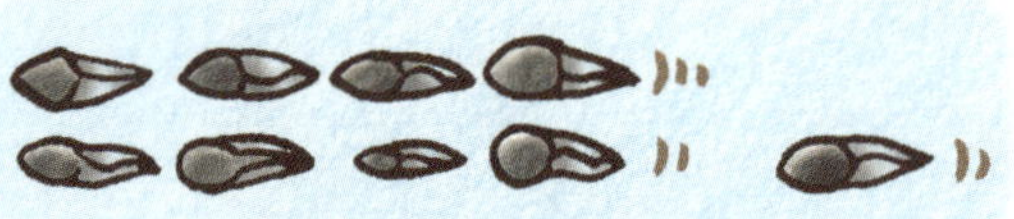

커다란 아이나 조그마한 아이
다 비슷해 보이지만 모두 달라서
뒤쳐져 쫓아오는 아이도 있는 걸.

어째서인지 빙글빙글
돌고 있는 아이

반대로 헤엄치는 아이도 있고
언제나 떨어져서 다니는
아이도 있어.

언제나 소심하게 움직이는 아이

가만히 공기방울을 보고 있거나
이파리를 연구하고 있거나

언제나 물풀에 매달려 있는 아이

깜짝 놀라 비명을 지르는 아이

영 규칙을 못 익히는 아이

잘 화내는 아이

전혀 말이 없는 아이

언제나 혼자서 노는 아이

무언가에 끼여 있는 걸
좋아하는 아이

잘 헤엄치지 못하는 아이

아기 때에는 모두 저마다 좋았는데,
어째서 자라니까 '좀 특이한 아이' 는
받아들여 주지 않는 걸까!?

벌레

잠깐, 주위의 어른들을 봐 봐.

모두 각자 다른 일을 하고 있네.

잘하는 것도 못하는 것도 모~두 달라.

한 사람 한 사람이 다른 건 잘못된 게 아냐!
많은 사람들이 있고 각자가 다 서로 다르니까
세상은 재밌는 거야!

한 사람 한 사람
　얼굴이 다르게 생긴 것처럼

한 사람에 하나씩
　자기만의 방식이 있어.

너한테는 너만의

　　멋이 있어.

천천히 천천히 크게 자라라!

이해해 주세요.
특별한 방법이 필요한 아이들의 이야기를.

해 설

1. '특별한 방법이 필요한 아이들' 에 대해

올챙이는 개구리와는 아무래도 닮은 구석이 없는 모양으로 태어납니다. 처음에는 아가미 호흡을 하고 물속에서 생활합니다. 이윽고 다리가 생기고 손이 나오며 색깔도 천천히 변해 가지요. 그리고 어느 날 폐호흡을 하게 되면서 물에서 나옵니다.

그에 반해 인간의 아이들은 처음부터 인간의 모습으로 태어납니다. 원래부터 같은 모습을 하고 있기 때문에 어제보다 오늘, 오늘보다 내일, 이렇게 하루하루 진보해 나가는 것이 당연하다고 생각해 버리기 쉽습니다. 그렇지만 사실은 인간도 마찬가지입니다. 모습은 그다지 변하지 않지만 인간이 성장해 가는 과정에는 올챙이가 개구리로 변하는 정도로 큰 변화가 일어나고 있습니다.

갓 태어난 인간의 아기는 살아가기 위한 기본 중의 기본이라고 할 수 있는 '먹는 것', '자기의 체온을 유지하는 것' 조차 스스로 할 수가 없습니다. 움직이지도 못하고 똥이나 오줌도 처리하지 못합니다. 자신의 안전은 고사하고 생명을 유지하기 위해 필요한 대부분의 것을 보호자에 의존합니다.

처음에는 단지 잠만 잘 뿐인 아기가 무거운 머리를 들어올릴 수 있게 되면 엉금엉금 기는 것이 가능해지고, 이어서 일어서 걷는 것도 할 수 있게 됩니다. 그 후에 말을 배우고 사람과 대화할 수 있게 되면 급격하게 지식이 증가하며 세계가 넓어집니다. 요즘 들어 부모로서는 대수롭지 않게 여기던 일이 큰 불안 요소가 됩니다만, '유아기 때에는 들쑥날쑥하는 것이 당연하며 그렇게 걱정할 필요는 없다' 고 듣게 되는 경우가 많다고 생각합니다. 표준이라고 여겨지는 범위가 애초에 넓기 때문입니다.

그러나 다른 아이와 비교해서 뚜렷하게 다른 발달 경과를 보이는 아이가 6~7%라는 조사 결과가 나왔습니다. 그러한 아이들의 경우를 발달장애(발달 허들)가 있는 아이라고 합니다. 장애라고 하면 매우 심각한 경우라고 받아들이기 쉽겠지만, 장애물 경주를 떠올리면 이해하기 쉬우리라 생각합니다. 보통의 단거리 경주처럼 평탄하지는 않지만 결코 앞으로 나가지 않는 것은 아니지요. 그와 마찬가지로 **'그 아이만의 허들이 몇 개인가 있어서 그것을 뛰어넘으면서 성장하는 아이'** 라는 것입니다.

그러한 아이들 중에는 차이가 한눈에 드러나는 경우도 있습니다만, 대부분의 경우 외견상으로는 잘 구분이 되지 않습니다. 그리고 다른 아이들과 마찬가지로 발달을 계속하고 있습니다. 전혀 진보하지 않는 경우는 결코 없습니다.

발달해 가는 과정은 다른 아이들과 다를지도 모릅니다. 때로는 **발달의 허들**에 가로막혀 앞으로 나아가지 못하는 건 아닐까 생각하게 될 수도 있겠지요. 하지만 관점을 바꾸면 다른 사람에게는 없는 특징을 가지고 독특한 성장 방법을 가진 아이라고도 생각할 수 있는 겁니다.

이 그림책에 등장한 개구리들에 대해 이제부터 설명해 드리겠습니다.

※ 발달은 아이의 경우만을 말한다는 인상을 가진 분이 적지 않을 것입니다. 그러나 '생애 발달'이라는 말이 있는 것처럼 사람은 일생에 거쳐서 발달해 간다고 생각하면 좀더 쉽게 이해할 수 있을 겁니다.

※ 이 그림책에서는 한 마리 한 마리 다른 개구리가 등장하고 있습니다만 실제로는 한 아이가 복수의 증상을 가지고 있는 경우도 드물지 않습니다.

2. '특별한 공부 방법'이 필요한 아이들

개구리 선생님의 특별지도 1 : 발달에 격차가 있는 아이(p.4)

⇒ 의학 해설 p.80 학습장애 / pp.81~82 발달성 협조운동장애 / p.82 발달성 언어장애

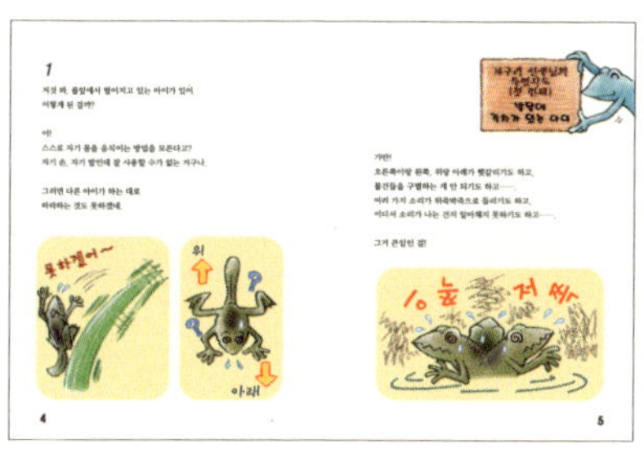

학교에서는 보통 모두가 같은 방식으로 공부합니다. 그렇지만 그 방식은 대다수 아이들에게 표준일 뿐이어서, 그것만으로는 부족한 아이도 생기고 그 방식으로는 못하겠다거나 이해할 수 없다거나 맞지 않는다고 하는 아이도 반드시 생깁니다. 대부분의 경우 극히 평범하게 잘하고 못하는 범위에 속하더라도 그 중에는 나름대로 '특별한 공부 방법'이 필요한 아이가 있습니다.

많은 사람들에게 있어서 자기 손발을 움직이거나 달리는 것은 아무것도 아닌 일일지도 모릅니다. 그렇지만 손이나 발을 마음대로 움직이지 못하거나, 다른 아이의 동작을 따라하지 못하거나, 다른 사람의 움직임을 보고 똑같이 행동하려면 어떻게 해야 하는지 알지 못하는 **발달의 허들**을 가진 아이도 있습니다.

또 글자를 읽거나 쓸 수 없는 아이들 중에도 상하나 좌우를 구분하지 못하거나 물건을 구별하기가 어려워서 물건의 이름을 외우지 못하고, 또 여러 가지 소리가 복잡하게 섞여서 들리며 주된 소리나 형태, 선을 배경에서 식별해 내지 못하는 **발달 허들**을 가진 아이가 있습니다.

간혹 수를 세는 것, 수를 헤아리는 것, 수를 비교하는 것이 불가능한 **발달 허들**을 가진 아이도 있습니다. 이러한 허들이 있으면 기본적인 계산을 하는

것이 힘들 뿐만 아니라 반올림이나 단위 환산에도 차질이 생기기 쉽습니다.

이러한 아이들은 ‘싫으니까 안 하는 것’도, ‘게으름 피우는 것’도, ‘노력이 부족한 것’도 아닙니다. 학습하기 곤란한 면이 있기 때문에 한 사람 한 사람에 맞춘 특별한 방식으로 공부를 가르칠 필요가 있는 아이들인 것입니다.

읽고 쓰기나 돈의 계산을 못 하면 여러 가지로 곤란하기 때문에 어떻게든 해야 한다고 초조해 할지도 모릅니다만, ‘아무래도 글씨를 못 쓴다면 워드 프로세서를 쓰면 돼’, ‘계산을 못 하겠으면 전자계산기 사용법을 익히면 되지’라는 식으로 발상을 바꿀 필요가 있는 경우도 있습니다.

그리고 보는 것이나 듣는 것에 문제가 있는 경우는 성장해도 변하지 않으므로 장래는 약한 부분이 두드러지지 않는 일을 고르는 식으로 생각해 주시길 바랍니다. 어릴 때에는 이런 식으로 공부에 실패한 경험이 있는 사람이 꽤 많습니다. 자기 자신이 이러한 아이였다고 인정한 배우 톰 크루즈는 “그래도 나에게 맞는 일을 찾는다면 해 나갈 수 있다.”라고 말했습니다. 구로야나기 데츠코 씨도 “어딘가에 그 아이만 알고 있는 특별한 뇌가 있을지도 모른다.”고 썼습니다. 신초샤(新潮社) 간행, 구로야나기 데츠코(黑柳徹子) 저, 『어릴 때부터 생각했던 것』에서 발췌.

키가 큰 것을 살려서 배구 선수가 되거나 모델이나 배우가 되어 인기를 누리는 사람들이 있지요. 그렇지만 “어릴 때에는 그 키 때문에 주눅이 들어 있었다.”는 이야기도 곧잘 듣습니다. 이처럼 아이 때에는 싫어했던 스스로의 ‘개성’을 어른이 되어서 자기의 ‘좋은 점’이나 ‘장점’으로 발휘할 수 있게 된 사람들은 아주 많습니다. 사물을 보는 관점, 사고방식이 다르다면 교과 공부에는 불리할 수도 있겠지만 다른 사람에게는 할 수 없는 일이 가능한 특수한 능력을 갖고 있다고 생각할 수도 있지 않을까요? 인생은 길고 시간은 충분히 있습니다. 누구나 마찬가지로 정해진 길을 똑바로 가지 않으면 안 된다는 법은 어디에도 없습니다.

3. 독특한 관계 맺는 법을 가진 아이들

⇒ 의학 해설 pp.74~78 전반적 발달장애

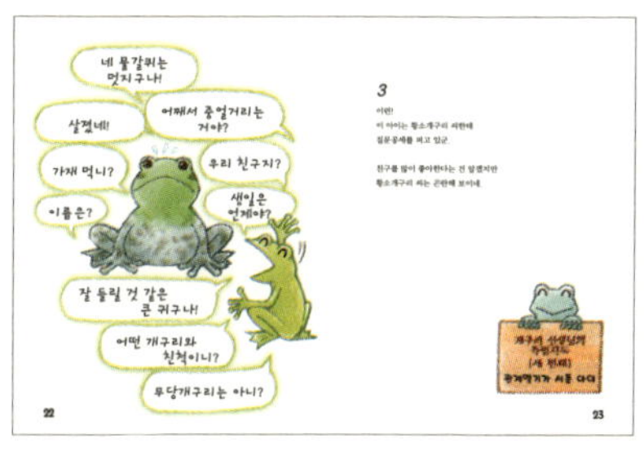

'사이좋게 지내려고 하지 않는 아이', '기묘한 행동이나 눈짓을 하는 아이', '말하는 법이 이상해서 의사소통이 잘 안되는 아이', '다른 사람이 부끄러워하는 것을 아무렇지 않아 하는 아이', '다른 사람의 기분을 이해하지 못하는 것처럼 보이는 아이', '다른 사람이 불편해 하는데 끈질기게 달라붙어 시끄럽게 군다는 느낌이 드는 아이' 등 이러한 아이들로부터 받는 인상은 그다지 좋지 않습니다. 왜냐하면 이러한 행동들은 보통 매너를 모르는 사람이 하는 행동이기 때문입니다.

그렇지만 주위의 상황에 맞추는 것이 어렵고 공포심이 강해서 사소한 일에도 무척 불안해 하거나, 혼자서 결정하는 패턴이 있거나, 다른 사람과 소통하고 관계 맺는 것이 불가능하거나 해서, 이러한 인상으로 비치는 아이들이 있습니다.

> ※ 예전에는 이러한 아이들 다수가 말이 느리다고 알려져 왔습니다. 그러나 요즘은 말이 느리지 않더라도 커뮤니케이션이 성립하지 않고 다른 사람과의 관계를 유지하지 못하는 아이가 꽤 있다고 밝혀졌습니다.

이러한 아이에 대해서는 다음과 같은 '사귀기 법칙'이 있습니다.

1. 억지로 모두와 똑같이 하라고 요구하지 말고 일단은 주변에 있는 사람들이
   먼저 맞춰 줍니다.

2. 그 아이가 안심할 수 있는 장소를 반드시 어딘가에 확보해 둡니다. "너를 방
   해하지 않아!", "여기라면 괜찮아!"라는 걸 본인에게 알려 줍니다.

3. 보통 사람이 하지 않는 기묘한 행동에 몰두해 있다면 그렇게 해서 뭔가 안
   심하고 있는 건 아닐까, 또 분명히 즐거운 일이 있는 것은 아닐까 생각해 봅
   니다.

    ※ 그들의 행동이 갑자기 격해질 때에는 어떤 스트레스를 받고 있는 것이 행동으로 드러나는 것
       일 경우가 있습니다.

4. 패닉을 일으켰을 때에는 반드시 싫어하는 일, 무서워하는 일이 있었던 게 틀
   림없다고 생각해 봅니다. 그러면 자기 나름대로 확실한 이유가 있었다는 것
   을 나중에 알게 될 겁니다.

5. 문제가 있는 행동을 되도록 일으키지 않도록 그 아이를 불안하게 하는 일은
   가능한 한 줄이는 등 주변 환경을 바꿔 줍니다.

이러한 아이들의 심정을 이해해 보려고 한다면, 혼자서 말도 알아듣지 못
하고 가이드도 없는 외국에 갔다는 상상을 해 보면 좋을 것입니다. 그럴 때에
누군가 말이 통해서 하고 싶은 말을 이해해 준다면 무척 즐겁겠지요. 만약 이
러한 아이가 주변에 있다면 여러분이 그런 사람이 되었으면 좋겠습니다(안심
을 시켜 주는 사람이 많이 늘면 이 아이들은 무척 침착해집니다).

친구와 놀러 가거나 수다를 떨거나 하는 것은 누구라도 좋아한다고 당연히
생각할지도 모릅니다. 그렇지만 이 아이들은 독특한 인식방식이나 사고방식
을 가지고 있고 독자적인 즐거움이 있습니다. 동시에 다른 사람에게는 별 것
아닌 것에 무척 고통을 느끼는 경우도 많습니다. 그러나 그렇다고 해서 반드
시 여러분을 싫어하는 것은 아닙니다. 같은 방식은 아니지만 다른 사람과 관
계를 맺고 싶어 하는 마음을 갖고 있다는 것에는 차이가 없습니다.

또 다른 사람과 관계 맺기를 어려워 하는 타입의 아이와 다른 사람과 관계 맺기를 적극적으로 원하는 타입의 아이에게서는 전혀 다른 인상을 받으리라 생각합니다. 그렇지만 '주위의 상황에 맞춰서 자기 행동을 조절하지 못하는 것'은 마찬가지입니다.

특히 다른 사람의 '기분'은 계속해서 바뀌므로 상대방과의 관계에 따라 자기의 태도도 바꾸지 않으면 안 됩니다. 그러한 사람과의 관계 맺기 속에서 어느 정도 밀고 당기면 되는지를 몰라서 혼란을 느끼기 쉬운 것입니다.

> ※ 이러한 아이들에게서는 그 증상이 드러나는 방식이 한 사람 한 사람 전부 다르다는 것도 큰 특징 중 하나입니다.

그래서 이런 아이들에게 언제나 주변 사람들이 맞춰 주기만 해서는 언젠가 한계에 도달합니다. 인간은 혼자서는 살 수 없기 때문에 본인 스스로도 세상 속의 규칙을 익히지 않으면 결국에는 어려움에 처하고 말 것입니다. 그래서 다른 사람과 함께 살아가는 지혜도 알고 있어야 합니다. 세상에서 고립되어 버리지 않도록 다른 사람과의 관계를 넓히는 것, 다른 사람이 싫어하는 일을 하거나 폐를 끼치지 않는 접근 방식을 익히는 것은 본인에게도 매우 중요한 일입니다.

자기 주변을 잘 파악하지 못하는 아이들에게는 본인에게 의미를 알 수 있는 그림이나 말을 써서 '여기는 무엇을 하는 장소인지', '지금은 무엇을 하면 좋은지' 따위를 알기 쉽게 가르쳐 주는 방법이 있습니다. 이것은 사회에서 생활하고 자립하기 위한 연습입니다.

그리고 다른 사람과 관계 맺기 위한 규칙을 알지 못하는 아이는 사람의 얼굴 표정에서 상대방의 '기분'을 읽어 낼 수 있도록 연습시키거나 회화의 규칙을 공부시키거나 합니다. 그 때는 단순히 '규칙'만 가르칠 것이 아니라 다른 사람에게는 자신과 다른 '기분'이 있다는 것을 깨닫게 하는 부분부터 학습을 시작할(또는 깨달을 시간을 줄) 필요가 있습니다. 동시에 주변의 아이들도 이러한 아이들 특유의 '기분' 표현 방식을 학습시킵니다. 그러한 노력을 하지 않고서 "다른 사람의 '기분'을 모르는 애야!"라고 화를 내지 않도록 서로의 '기분' 차이를 해소해 갔으면 좋겠다고 생각합니다.

4. 주의와 행동 컨트롤에 문제가 있는 아이들

개구리 선생님의 특별지도 4 : 산만한 아이(p.32)
개구리 선생님의 특별지도 5 : 좋아하는 것에만 너무 몰입하는 아이(p.36)
개구리 선생님의 특별지도 6 : 덤벙대는 아이(p.42)
⇒ 의학 해설 pp.79~80 주의력결핍 · 과잉행동장애(ADHD)

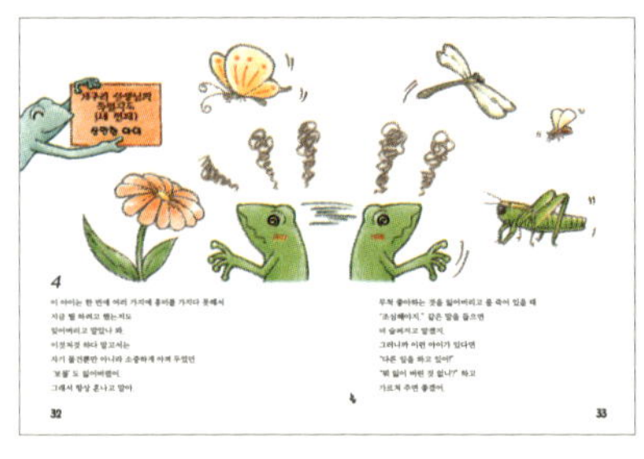

산만한 아이는 꽤 많아 보입니다. 집중력이 없거나 칠칠치 못하다고 하는 아이도 흔합니다. 그러나 여러 가지 일에 손을 댔지만 전부 하다 만 상태라서, 스스로 지금 하고 있는 것이 뭔지조차 모르게 될 정도로 뒤죽박죽일 경우에는 역시 **발달의 허들**을 가지고 있는 것이라고 여겨집니다.

그러한 아이는 한 가지에 주의를 기울이는 시간이 극단적으로 짧습니다. 다음에서 다음으로 시선이 움직여 버리는 데다가 잡다한 소리 속에서 자기에게 중요한 소리를 파악해 내는 것도 어려워합니다.

그래서 쓸데없는 정보를 자르고 지금 하고 있는 것을 확실히 알 수 있게 정리합니다. 또 이것저것 한꺼번에 할 수는 없기 때문에 몰두해야만 하는 과제를 하나씩 주도록 합니다. 그러나 하나에 주의를 기울일 수 있는 시간이 짧은

68

것은 고칠 수 없기 때문에 차분히 익히게 하는 것이 좋습니다. 그리고 잠깐이라도 기억해 주었을 때에는 크게 칭찬해 줍시다.

성장하면서 집중 시간도 점점 늘어 가게 됩니다. 그러나 무엇보다도, 칭찬받으면서 자신감을 길러서 스스로가 그러한 '자신과 어울리는 방법'을 익히면 행동은 크게 개선됩니다. 왜냐하면 이 **발달 허들**을 가진 아이는 꾸지람당하는 것을 무서워하거나 의욕을 잃기 쉬운 특징도 아울러 가지고 있는 경우가 많기 때문입니다.

좋아하는 것이나 즐거워하는 것에 몰두해서 시간 가는 줄 모른다는 것은 흔히 있는 일입니다. 누구나 좋아하는 것만 하고 싶을 것이고, '좋아하면 자연히 능숙해진다'는 말도 있듯이 '박사'라고 칭해질 정도로 잘 알게 되면 멋질 것입니다. 좋아하는 것이나 잘하는 것이 있다는 것은 보통은 기뻐해야 할 일입니다. 그러나 극단적일 경우에는 **발달의 허들**로 간주하는 것이 좋습니다.

언제나 자신이 하고 싶은 것에만 몰두해 있어서 전혀 자기 주변을 둘러보지 못하고 일상생활의 리듬에 몸이 익질 않거나, 어려운 지식은 잔뜩 알고 있으면서 옷은 갈아입을 줄 모르는 아이들……. 이런 아이들도 '제멋대로'라거나 '게으름 피운다'고 생각되기 쉽습니다. 뿐만 아니라, 언제 어디서나 흥미 있는 것에 대해 주변 상황과 관계 없이 계속해서 말해 대면 주위에 폐가 되고 맙니다. 적어도 '처음'과 '끝'의 신호에 따르게 하거나 일반적인 상식이나 사회적인 규칙 범위를 확실히 만들어 둘 필요가 있습니다.

※ 너무 집중해서 기분을 잘 바꾸지 못하거나 시간을 지키지 않는 경우에는 알람이나 타이머를 잘 사용하면 좋을 겁니다.

무언가에 몰두할 수 있다는 것이나 특출나게 잘하는 것이 있다는 것은 멋진 재능 중 하나입니다. 자신의 '좋은 점'을 놓치지 않도록 주변 어른들이 지도해 주어야 합니다. 장래에는 그 능력이 어떤 기술이나 자격으로 이어질 수도 있기 때문입니다.

건강한 것은 좋은 것이지만 난폭해서 쉽게 부루퉁한 얼굴을 하는 아이들 중에는 주변 사람들이 하고 있는 일에 대해 착각하는 아이가 있습니다. 실수로 부딪친 것일 뿐인데 맞았다고 생각해 버리거나 자기가 사람들 다니는 통로에 서 있었으면서 상대방이 부딪쳐 왔다고 생각한다거나……. 그렇지만 그런 겉으로 드러난 행동만으로 판단하지 않았으면 합니다. 착각했다는 말은, 말바꾸기라고 생각할지도 모르지만 사람이 하고 있는 행동을 잘못 이해했다는 것이므로 단지 혼내거나 시시비비를 가리는 것만으로는 아무것도 해결할 수 없습니다. 자신의 행동을 컨트롤하는 힘이 약하고 머리로는 알고 있어도 실행하지 못한다는 **발달의 허들**이 있기 때문입니다. 사과하는 방법을 가르쳐 주거나 "미안합니다."라고 말하게 시키는 것만을 목표로 할 것이 아니라 알고 있는 것을 실행할 수 있도록 지원해 줄 필요가 있습니다.

※ 생각하는 힘이 약한 경우도 있기 때문에 시시비비를 가릴 수 있는지 어떤지 확인한 뒤에 지도할 필요가 있는 아이들도 있습니다.

이 책에서는 트러블의 원인으로 사람과의 거리 재는 방법이 이상한 경우를 들고 있는데, 이때는 "거리를 벌리세요."라고 말하기보다는 큰 공이나 훌라후프를 써서 사람의 손발이 움직이는 범위를 눈으로 보고 확인하게 하면 파악하기 쉬워집니다. 일반적으로 이러한 아이들의 지도에는 그림 카드를 쓰거나 역할 놀이를 하는 등 다른 사람이 하고 있는 행동의 의미를 학습하거나 그 장소의 상황을 읽을 수 있게 훈련하는 방법이 이용되고 있습니다. 동시에, 발끈하지 않도록 자기 행동을 컨트롤하기 위한 짧은 연습도 중요합니다.

5. 마지막으로

자기 자신이 여기에 등장한 개구리들의 동료라고 생각하는 아이들에게

> ☆ 다른 사람과 '다르다'는 것은 잘못된 것이 아니에요.
>
> ☆ 잘 안되는 것은 자신이 나쁘기 때문이라고 생각하거나 주변 사람들 때문이라고 생각하고 있진 않나요?
>
> ☆ '할 수 없는 일'로 끙끙대지 말고 '할 수 있는 일'부터 시작해 봐요!

먼저 자신에게는 어떤 '차이'가 있는지 잘 생각해 봐야 합니다(당신은 자신이 이 그림책에 나오는 것 중 어떤 개구리와 똑같다고 생각했나요?). 그러면 이제부터 어떻게 하면 좋을지 알기가 쉬워집니다.

그리고 여기에 등장한 개구리들의 동료는 이 밖에도 아주 많습니다. 응원해주는 사람들도 많이 많이 있습니다. 그런 사람들의 힘을 빌려서 스스로에게 맞는 방식을 찾을 수 있다면 좋겠어요.

모든 분께

나이에 맞는 보통 사람이 될 수 없다면 창피하다고 생각하는 것이 자연스러운 감정입니다. 확실히 〈'가능한 것'은 좋은 것〉이 아니라면 향상심도 없어지고 말 것입니다. 그러나 그렇다고 해서 〈'할 수 없는 것'은 나쁜 것〉일까요?

　먼저 많은 사람이 당연하다고 생각하고 있는 것은 때로 대부분의 사람들이 그렇다는 말에 지나지 않습니다. 그리고 〈'할 수 없는 것'에 화가 난다〉는 것은 단순히 〈나와 똑같이 할 수 없다는 것을 용서할 수 없다〉는 것에 지나지 않을지도 모릅니다.

　난처한 애라고 말하지만…….

◎ 가장 난처해 하는 것은 그 아이 자신입니다.

◎ 스스로 편해질 수 있도록 도와 줄 것, 무언가 할 수 있는 것은 없을까 같이 고민해 봅시다.

◎ 그것은 '차이'를 없애 버리는 것이 아닙니다. 다른 사람과 '다르지만' 곤란해지는 일이 되도록 없게끔, 곤란할 때 어떻게 하면 좋을지 알 수 있게 하는 것이 가장 중요합니다.

　한 사람 한 사람이 이런 생각을 갖고 서로의 '차이'를 인정할 수 있게 되는 날이 하루라도 빨리 오기를 바랍니다.

의학 해설

쓰쿠바(筑波)대학 대학원 인간종합과학연구과 교수 미야모토 신야(宮本信也)

이 책에서 개구리의 아이들에 견주어 소개된, 발달상 장애가 있는 상태는 의학의 영역에서 어떻게 설명하고 있을까요? 의학적인 설명을 간단하게 제시해 보았습니다. 더 자세하게 알고 싶은 경우에는 각각의 해설서를 한번 읽어 봐 주세요.

1. 발달장애에 대해

1. 발달장애란?

발달장애란 뇌(중추신경계)에서 높은 레벨의 움직임(고차기능)에 관한 문제가 18세 전(발달기)에 나타나는 것을 말합니다. 높은 레벨의 움직임이란, 말을 하거나 말하는 것을 이해하거나 사물에 대해 파악하는 등 뇌의 복수 부위가 움직여야 가능해지는, 인간으로서의 복잡한 뇌 활동을 말합니다. 반면 보고 듣는 것, 손발을 움직이는 등의 활동은 뇌의 특정 부위(예를 들면 뇌 뒤쪽 부분에서 움직임이 보인다고 알려져 있습니다)만 움직이는 비교적 단순한 활동이라고 합니다. 그러므로 선천적으로 눈이 불편한 아이가 있다고 하더라도 그것을 발달장애라고 하지는 않습니다.

의학의 영역에서 발달장애는 크게 구분해서 4종류가 있습니다. ① 지능이 지체된 것을 중심으로 하는 지적장애, ② 자폐증을 중심으로 하는 전반적 발달장애, ③ 침착하지 못한 행동의 문제를 중심으로 하는 주의력결핍·과잉행동장애, ④ 발달 도중 일부분만 특히 장애를 일으키는 부분적 장애(말이 느리거나 서투른 경우 등)입니다. 발달에 문제가 있는 아이는 의학적으로 이 4가지 중 어딘가에 해당됩니다.

2. 경도발달장애

경도발달장애의 '경도'는 '발달장애가 가볍다'는 의미가 아니라 '지적기능장애가 없다'는 의미입니다. '지적기능장애가 아니다'라고 판단할 경우로는 두 가지가 있습니다. 하나는 '지능지체가 없다' 는 의미로 지능지수 70 이상이 해당합니다. 다른 하나는 '지능이 정상이다' 라는 의미로 지능지수 85 이상이 해당합니다. 최근은 후자 쪽이 일반적으로 쓰이고 있습니다.

그런데 발달장애라고 하면 발달지체라는 이미지가 이제까지는 일반적이었습니다. 그렇지만 발달장애는 외부로 드러날 때 3가지 표현형을 취합니다. ① 지체, ② 편중, ③ 왜곡의 3가지입니다. '지체' 는 같은 연령의 아이 대다수(보통은 90%)가 할 수 있는 것을 못할 경우를 뜻합니다. '편중' 은 평범한 아이에게도 나타나는 행동이지만 그 정도가 통상 범위를 넘는 경우를 뜻합니다. '왜곡' 이란 평범한 아이에게 나타나지 않는 행동이 나타난다는 것입니다. 지체의 대표는 지적발달장애, 편중의 대표는 주의력결핍·과잉행동장애, 왜곡의 대표는 자폐증입니다.

사실 경도발달장애란 지체를 빼고 편중과 왜곡의 문제를 중심으로 한 발달장애라고 할 수도 있습니다.

경도발달장애에 포함되는 증상으로는 ① 고기능 전반적 발달장애, ② 부분적 발달장애, ③ 주의력결핍·과잉행동장애, ④ 경계선 지능의 4가지가 있습니다. 경계선 지능은 지능이 71~84인 아이들로 지체라고도 정상이라고도 할 수 없는 것을 말합니다. 엄밀히는 발달장애라고 말하지 않는 상태입니다만 다른 경도발달장애아들과 공통적인 문제를 일으키고 비슷한 배려를 필요로 하는 일이 많기 때문에 포함해서 생각하는 쪽이 현실적인 것입니다. 또한 같은 이유로 경도지적발달장애(지능 50~70인 아이들의 경우)도 포함하는 경우가 있습니다.

더욱이 경도발달장애라는 용어는 최근 조금씩 쓰지 않게 되었습니다. '경도' 라는 표현이 오해를 불러일으킬 수 있다는 걱정 때문일지도 모릅니다. 문부과학성도 '발달장애' 라는 용어를 추천하고 있습니다.

2. 개개의 장애에 대해

1. 전반적 발달장애

※ 사회성의 질적 이상과 폭넓은 범위에 걸쳐 발달장애를 아울러 갖고 있는 경우

가 많아서 의학적으로는 이렇게 부릅니다. 영어의 Pervasive Developmental Disorder를 요약하여 PDD라고 부르기도 합니다.

1) 전반적 발달장애란?

전반적 발달장애란 자폐증을 대표로 해서 그 외에 자폐증과 비슷하지만 조금 다른, 이른바 '자폐증적' 증상 전체를 아우르는 개념입니다. 1980년에 나온 비교적 새로운 관념입니다.

전반적 발달장애는 4가지 특징으로 정의할 수 있습니다. 그것은 ① 다른 사람과 맞물려 주고받지 못하는 것, ② 다른 사람과의 커뮤니케이션에 약한 것, ③ 상상하거나 공상하지 못하는 것, ④ 활동이나 흥미가 특정한 사물에 한정되기 쉬운 것입니다. 이 4가지 항목을 모두 만족시키는 상태는 전반적 발달장애라고 판단합니다.

전반적 발달장애에는 몇 가지의 유형이 있습니다. 중심은 자폐증입니다만 그 외에 자폐증과 닮았지만 조금 다른(일반적으로는 가벼운) 비전형적 자폐증, 지능이나 언어지체가 동반되지 않는 아스퍼거 증후군 등의 빈도가 높습니다.

그런데 '자폐증 스펙트럼 장애' 라는 용어가 있습니다. 이것은 전형적인 자폐증뿐만 아니라 아스퍼거 증후군 등의 '자폐증적' 인 대인관계 장애(앞의 ①)를 보이는 상태에 대해, 각 장애나 질환의 중간쯤에 위치한 증상도 있을 수 있으며 연속적인 것이라고 생각하여 만든 용어입니다. 기본적으로는 전반적 발달장애와 거의 비슷한 의미의 용어라고 이해하면 되겠습니다.

2) 자폐증의 빈도 등

자폐증은 의학 조사 연구에 의하면 현재 1000명에 1~2명(0.1%~0.2%) 정도 있다고 알려져 있습니다. 더욱이 전반적 발달장애 전체적으로는 1~1.7%라고 보고 되어 있습니다. 그것도 전반적 발달장애 전체 중에서 고기능 자폐증이나 아스퍼거 증후군의 경우가 많다(1% 전후)고 합니다. 그리고 문부과학성이 전국의 일반 학급을 대상으로 행한 조사보고(2002)에서는 '대인관계나 관계맺기 등에 문제가 현저하게 나타난' 아이들은 0.8%에 이른다고 합니다.

또한 남아의 경우가 여아보다 3~4배 높다는 특징이 있습니다. 이것에는 남아의 뇌 쪽이 여아보다 병에 걸리기 쉽고 손상을 입기 쉽다는 특징(위약성이 강하다고 합니다)도 영향을 주고 있습니다. 자폐증의 원인은 현재 불명이지만 선천적인 뇌의 발달 특성이 원인이며, 자란 방식이나 양육 환경 등은 관계가 없는 것으로 알려져 있습니다.

3) 자폐증의 기본 증상

① 소통 행동에 약함

다른 사람과 관계 맺기를 못하고 일반적인 대인행동을 취하기 쉬운 것이 특징입니다. 유아기에는 시선을 맞추지 않고, 이름을 불러도 돌아보지 않고, 낯가림을 하지 않고, 손가락질을 하지 않는 등의 행동을 곧잘 보입니다. 유아기 이후에는 다른 사람과 즐거움을 공유하지 않고 친구만들기에 서툴며 상대방의 감정이나 상황을 읽지 못하는 등의 특징을 나타냅니다.

중요한 점은, '자폐'라는 말이 주는 이미지대로 타인을 거부하고 자기만의 세계에 틀어박히는 증상이 나타나는 일은 그렇게 많지 않다는 것입니다. 상대방의 상황에 개의치 않고 자기가 먼저 점차 다가가기도 하기 때문에 붙임성 있다고 여겨지는 경우조차 있습니다. 그렇지만 그럴 때에도 상대방이 하는 말을 그다지 듣지 않고 일방적으로 말하는 등의 특징을 보이는 경우가 보통입니다.

② 커뮤니케이션의 수단을 이해 · 사용하는 것이 서투름

자폐 아동은 단어의 사용과 이해에 크게 문제가 있고 또 독특한 단어를 사용하는 특징을 갖습니다. 혼잣말이 많고 대화가 잘 이어지지 않거나 주제가 갑자기 바뀐다고 합니다. 들은 말을 그대로 반복하여 앵무새처럼 대답(반향언어)하는 경우도 자주 확인됩니다. 앵무새처럼 대답하는 것은 말의 의미를 이해하지 못했을 때 일어납니다. 그러니까 단어의 의미가 이해되면 사라져갑니다. 이야기하는 방법도 어딘가 부자연스러워서 조금 날카롭고 드높은 목소리로 억제가 안 된 상태에서 말하는 것이 특징입니다. 말끝이 높아지기 쉬운 특징도 있습니다. 이 독특한 대화 방식 때문에 자폐아는 사투리를 거의 쓰지 않는다고 알려져 있습니다.

③ 상상하거나 공상하는 것이 서투름

눈앞에 없는 물건을 상상하거나 실재하지 않는 일을 생각하는 것이 서투르기 때문에 어릴 때에는 역할 놀이보다는 단순한 놀이를 반복하는 경우가 많습니다. 나이를 먹으면 개념이나 추상적·상징적인 일을 이해하는 것이 서툴러서 집합명사(동물, 과일 등)나 부사, 형용사 등 실재하지 않는 단어의 의미를 이해하는 것도 어려워하게 됩니다.

눈앞에 없는 것을 추측하는 것이 불가능하기 때문에 말하지 않은 것이나 보지 못한 것을 생각하는 것이 서투릅니다. 그래서 상식이나 기본적인 규칙을 모른다는 말을 듣기가 쉽습니다. 그러한 경우는 일상에서 특별히 설명해 주는 경우가 적기 때문입니다.

④ 활동이나 흥미가 특정한 사물에 한정되기 쉬움

문자·숫자·회사의 상표 등 패턴적인 것에 대해 관심을 보이는 경우가 많습니다. 정해진 방식이나 예정된 대로 일이 진행되지 않으면 불안해 하는 등 융통성이 없다는 특징으로 나타나기도 합니다.

⑤ 기본 증상과 관련한 증상

추측을 못 하기 때문에 생략해서 말하거나 대명사로 말하면 이해하지 못하는 특징이 있습니다. 이것이 뚱딴지 같은 응답의 배경입니다. 레스토랑에서 "너는 뭐 할래?" 하고 물으면 "축구."라고 대답해 버리는 것처럼 말입니다. 자폐아는 "너는 무엇을 먹고 싶니?"라고 생략하지 말고 완전한 문장으로 말하면 쉽게 이해합니다. 말을 표면적으로만 받아들이기가 쉽기 때문에 농담이나 비꼬는 말을 이해하지 못하는 사례도 자주 확인됩니다.

자폐아 중에는 사람의 얼굴을 구별하는 것이 어려운 아이도 있습니다. 그래서 학교의 같은 반 친구의 얼굴과 이름을 외우기 힘들어 하기도 합니다. 외울 때까지는 누구에게 무엇을 받았는지, 해 주었는지 구분하지 못해서 무뚝뚝한 성격이라고 오해를 받을 수도 있습니다.

4) 자폐증의 합병증

지능장애를 수반하는 경우, 뇌파 이상(50%)과 간질(20%)을 발견하기 쉽다고 합니다. 어느 쪽이든 10세 이후에 나타나는 경우가 많기 때문에 자폐증으로 진단받은 뒤 15~18세까지는 정기적인 뇌파의 검사를 받을 필요가 있습니다.

수면 리듬이 깨지기 쉽다는 것도 특징입니다. 뇌의 생활 리듬을 조정하는 부분의 움직임에 문제가 있다고 보고 있습니다. 밤에 잘 수 없는 패턴이 많습니다만 대부분 일정 시간(1~3개월) 후에 자연히 회복합니다.

또 극단적으로 움직임이 서툰 경우(발달성 협조운동장애)도 적지 않습니다.

5)고기능 전반적 발달장애

고기능이란 지적 발달이 지연되지 않았다는 의미가 아닙니다. 지적 발달의 지연은 없지만 언어의 지연이 있는 고기능 자폐증과 지적 발달과 언어에서 모두 지연이 없는 아스퍼거 증후군, 자폐증이나 아스퍼거 증후군의 특징을 일부 가졌지만 특정할 수 없는 전반적 발달장애 중에서 지능이 정상인 경우 등 세 가지 유형이 있습니다. 그 특징은 ① 개별 장면에서는 큰 문제가 없음, ② 행사로서의 집단 행동은 가능함, ③ 집단에서의 자유로운 대인 교류 장면에서 문제가 발생하기 쉬움, ④ 상대방의 기분, 상황을 생각하지 않고 마이페이스적으로 행동함, ⑤ 자기가 말하고 싶은 것만을 일방적으로 말함, ⑥ 말을 표면적으로만 받아들이고 암시적인 의미를 이해하지 못함, ⑦ 융통성이 없는 사고나 행동, ⑧ 고집, 강박 경향, ⑨ 피해적 언동 등입니다.

이제까지 이러한 아이들은 '고집쟁이에 제멋대로' 라든가, '부모의 교육방식이 문제' 라는 식으로 괴롭힘을 당해 왔습니다. 그것은 자폐증과 마찬가지로 대인관계에 문제가 있지만 지능이 정상인 데다가 사람과의 소통도 그럭저럭 잘 하는 것처럼 보여서 발달에 문제가 있다는 것을 눈치채지 못했기 때문입니다.

2. 주의력결핍 · 과잉행동장애

1) 주의력결핍 · 과잉행동장애

주의력결핍 · 과잉행동장애는 영어로 Attention-Deficit/Hyper-activity Disorder 라고 하며 앞 글자를 따서 ADHD라고 부릅니다. 일본에서도 ADHD라는 용어가 곧잘 사용되기에 이르렀습니다. 주의력결핍 · 과잉행동장애의 특징은 발달 레벨에 비교하여 부적절한 주의력 장애나 과다 활동, 충동성을 보이는 상태를 말합니다. 또한 일본에서는 '주의 결함' 이라는 용어를 사용하다가 '결함' 이라는 용어가 차별적인 인상을 준다는 이유로 최근 '주의 결여' 라는 번역어가 만들어지기도 했습니다.

2) 주의력결핍 · 과잉행동장애의 빈도 등

주의력결핍 · 과잉행동장애의 빈도는 아동의 2~3% 정도라고 합니다. 남아에게 많으며 여아의 약 3배에 달합니다. 원인은 불명입니다만 대부분 선천적인 뇌의 발달 특성과 관련한 발달장애라고 보고 있습니다. 발달장애가 아니더라도 환경 요인 (아동 학대 등의 열악한 양육 환경)이 관련 있다고도 하는데, 그러한 환경 요인만이 원인인 경우는 아주 적다고 알려져 있습니다. 역시 환경 요인이 관여할 수 있다는 점을 고려해서인지, 현재 정신의학 분야에서는 주의력결핍 · 과잉행동장애를 발달장애가 아니라 행동장애 중 하나로 분류하고 있습니다.

3) 주의력결핍 · 과잉행동장애 아동의 기본 증상

① 주의력장애

주의 집중이 불가능한 경우와 산만해지기 쉬운 경우가 있습니다. 하나를 끝까지 해내지 못하고 어떠한 일을 잊어먹거나 물건을 잃어버리는 일이 잦으며, 무심코 저지르는 실수가 많은 등의 형태로 나타납니다. 한편, TV 게임 등 좋아하는 것에는 몇 시간이고 집중하는 등 지나치게 집중하는 경우도 있습니다. 결국 집중을 못 한다기보다는 집중력을 적절하게 배분하고 컨트롤하지 못하는 것이 ADHD의 주의력장애라고 할 수 있습니다.

② 과잉행동

가만히 있지 못하고 이리저리 돌아다니거나 몸을 꼼지락거린다거나 합니다. 사춘기 이후에는 이 안절부절 못하는 기분을 마음의 문제로 자각하는 경우도 있습니다.

③ 충동성

기다리지 못하고 생각한 순간에 행동으로 옮기고 마는 경우입니다. 순번을 기다리지 못하고 새치기를 하거나, 조절할 수 없는 행동 등이 나타납니다. 다른 아이와의 관계에서 트러블의 원인이 되기 쉽습니다.

④ 기본 증상의 경과

기본 증상은 아이의 성장과 함께 자연히 아이가 자신을 컨트롤할 수 있는 방향으로 변화해 갑니다. 과잉행동은 8~10세, 주의 집중력과 충동성은 10~12세 정도에 최소한 필요한 곳에서는 어느 정도 컨트롤할 수 있게 됩니다. 그러나 이로써 증상이 없어진 것은 아닙니다. 필요에 응해서 통제하는 것일 뿐, 통제의 필요성을 아이가 느끼지 못했을 경우에는 전과 마찬가지로 행동해 버리는 경우도 적지 않습니다.

3. 학습장애

학습장애는 지능에는 전체적으로 큰 문제가 없고 눈이나 귀에도 이상이 없는데 다음 여섯 가지 중 한 가지 이상 잘 하지 못하는 상태를 말합니다. 그것은 '듣기', '말하기', '읽기', '쓰기', '계산하기', '추론하기' 입니다. 영어로는 Learning Disabilities라고 말하고 앞 글자를 따서 LD라고도 부릅니다.

구체적인 증상을 보면, '듣기' 의 문제는 말소리를 듣고 구분하는 것을 못해서 결과적으로 말을 알아듣지 못한다는 형태로 나타납니다. '말하기' 의 문제는 말이 느리거나, 상대방이 이해할 수 있게 논리적으로 말하는 것이 힘든 형태로 나타납니다. '읽기' 의 경우, 일본어에서는 낱글자를 읽지 못하여 단어나 문장의 읽기가 안 되고 한국어에서는 대체로 ㅁ·ㅂ·ㅍ나 ㅏ·ㅓ·ㅣ를 혼동하는 형태입니다. '쓰기' 의 경우, 일본어에서는 글자를 쓰지 못하는 형태로 나타나며 한국어에서는 철자법을 익히지 못하여 받아쓰기를 지속적으로 실패하거나 두세 문장 이상의 글짓기가 불가능한 형태로 나타납니다. '계산하기'의 문제는 받아올림과 받아내림의 계산이나 암산을 못 하는 형태로 나타납니다. '추론하기'의 문제는 쓰여 있지 않은 부분을 생각해 내지 못하기 때문에 도형 문제나 장문 독해를 어려워하는 형태가 있습니다.

　일본에서는 원래 학습장애의 개념을 혼동하였던 적이 있습니다. 학습장애아동은 과잉행동을 하거나, 집단 행동이 서툴거나, 덤벙대거나, 인지검사에서 능력 불균형이 나타나기 쉬운 경우가 있기 때문에 과잉행동을 하는 아이, 집단에서 떨어져 나오기 쉬운 아이, 덤벙대는 아이, 검사 결과 불균형이 심한 아이 등을 전부 학습장애아동으로 여겼던 적이 있습니다. 즉 지금 말하는 '경도발달장애아동' 모두가 '학습장애'라고 불렸던 것입니다. 현재는 그러한 혼란이 대개 가라앉았습니다. 학습장애는 위에 쓴 여섯 가지의 능력에 문제가 있으며, 행동 면이나 지능검사의 결과만으로는 판단할 수 있는 상태가 아니라는 것입니다. 그리고 과잉행동을 하거나 덤벙대는 등 행동 면에 나타나는 문제는 학습장애에 다른 문제가 합병되어 있어, 그러한 합병 증상으로 생각하는 것이 일반적입니다.

　그리고 주의가 필요한 것이 있습니다. 이른바 LD로 통칭되는 학습장애는 의학의 진단명이 아니라 교육 영역의 용어라는 점입니다. 의학 영역에서 사용하는 '학습장애'는 'learning disorders'를 번역한 것으로, 이것은 읽기, 쓰기, 계산의 세 가지 문제에 한정됩니다. 즉 '듣고, 말하고, 읽고, 쓰고, 계산하고, 추론하는' 여섯 가지 문제에서 비롯된 교육 영역의 '학습장애, Learning Disabilities'와, '읽고, 쓰고, 계산하는' 세 가지 문제에서 비롯된 의학 영역의 '학습장애, Learning Disorders'가 있다는 것입니다. 교육 영역의 학습장애에 포함되는 '말하기, 듣기' 문제는 의학에서는 나중에 서술할 '발달성 언어장애'로서 따로 분류하고 있습니다. 교육 영역의 학습장애에 있는 '추론하기'의 장애에 대한 의학 영역의 진단명은 아직 없습니다.

4. 발달성 협조운동장애

　실제의 연령이나 발달 단계에 비해 협조 운동을 필요로 하는 일상생활 활동이 현저하게 뒤떨어지는 것입니다. 협조운동이란 신체의 복수 근육군에 의한 여타 동작을 동시에 혹은 연속적으로 행하는 것입니다(예를 들면 줄넘기에서는 손으로 줄을 돌리면서 발로 뛰는 두 가지 동작을 합니다).

증상으로는 운동 발달의 지체(앉는 것, 기는 것, 걷는 것 등), 들고 있는 것을 놓치는 증상, 솜씨가 서툰 증상, 스포츠를 못하는 증상, 글자를 잘 못 쓰는 증상, 동작이 어색해지는 증상, 행동이 굼뜬 증상, 균형 감각이 나쁜 증상 등이 나타납니다.

한편, 이러한 운동 면의 문제 말고도, 쉽게 초조해진다거나 성질이 급하고 잘 화내며 쉽게 손을 들기도 하고, 별 이유 없이 안절부절못하는 등 행동 면의 문제로 상담받는 경우도 적지 않습니다. 솜씨가 서툴기 때문에 매일 하는 생활 동작이나 운동 자체가 스트레스로 작용하여 항상 초조한 상태로 있기 때문입니다. 안절부절못하는 아이들에게는 운동 면에서도 주의가 필요할 것입니다.

5. 발달성 언어장애

청력, 지능, 대인행동이나 사회성, 환경에 문제가 없는데도 불구하고 말하는 것이 지체된 경우를 말합니다. 언어가 지체되었다는 판단은 생후 1년 6개월에도 의미 있는 단어를 사용하지 못하는 것, 3세까지도 두 단어 이상으로 된 문장을 말하지 못하는 것을 기준으로 하고 있습니다.

의학 영역에서는 말을 듣고 이해하는 것은 되지만 말하는 것이 지체된 표출성 언어장애와 말하는 것이 지체되었을 뿐만 아니라 말을 듣고 이해하는 것도 못하는 수용·표출 혼합성 언어장애의 두 가지로 나누어집니다.

표출성 언어장애는 어휘가 매우 부족하고 과거나 미래의 용어나 과거형이나 미래형을 착각하기 쉽다, 말하고 싶은 것은 알아도 그것을 표현할 단어를 잘 생각해 내지 못한다, 긴 문장으로 말하는 것을 힘들어 한다는 특징이 있습니다. 한편 수용·표출 혼합성 언어장애는 앞에 말한 표출성 언어장애의 특징에 덧붙여서, 받아쓰기를 못하고 물건의 위치 관계에 대한 용어 등 특정 용어의 이해에 쉽게 어려움을 느낀다고 합니다.

3. 자주 묻는 질문에 대한 답

1. 경도발달장애는 늘고 있다?

'경도발달장애아동은 예전부터 있었다는데, 그런 이야기를 들은 적이 없다. 늘고 있는 것인가?' 라는 질문을 받는 경우가 있습니다. 이에 대해서는 옛날에도 비슷하게 있었지만 옛날에는 지금처럼 문제시된 아이가 적었기 때문이라고 생각합니다. 또 진단 기준 등이 정비되어 진단하기 쉬워진 것도 영향을 미쳤을 것입니다. 실제 숫자는 그다지 변화가 없지만 문제가 있다고 밝혀진 아이가 늘고, 그러한 아이들이 진단받기 쉬어진 것이라고 생각합니다.

2. 경도발달장애는 문제인가?

경도발달장애가 있는 자체가 문제라고는 할 수 없습니다. 의학의 영역에서는 '일상생활이나 사회생활에 현저한 지장을 실제로 초래' 할 경우만을 경도발달장애로 진단하도록 정해 놓았습니다.

주의 집중력이 부족하고 다소 자리에서 일어나 돌아다니더라도, 몇 차례 쉬면서 집중하면 과제를 해낸다거나 주의를 받으면 자리로 돌아와 수업을 받는다면 결코 경도발달장애(이 경우, 주의력결핍 · 과잉행동장애) 진단을 받지는 않습니다. 진단은 그 아이의 문제에 대해 어떻게 대응할지를 생각하기 위해 필요한 것이기 때문입니다. 큰 문제가 아니라 일상생활을 잘해 나가고 있는 정도라면 의학적인 대응이 필요하지 않고, 따라서 진단명을 붙일 필요도 없는 것입니다.

한편 실제 생활에 지장을 받고 있는 경우에는 그 상황이 아이 본인에게 불리한 상태라고 여겨서 진단명을 붙여 대응할 방법을 찾는 것입니다. 발달장애가 있는 아이가 문제인 게 아니라 발달장애로 인해 아이에게 발생하는 이런저런 불편한 일들을 문제라고 하는 것입니다.

경도발달장애가 있는 아이에게 어떻게 대응할지를 생각할 때에는 그 대응이 아이를 위한 것일 경우에만 행한다는 자세가 가장 중요합니다.

4. 마지막으로

발달장애가 있는 아이는 생활 속에서 여러 가지 스트레스에 부딪히게 될 가능성이 높고 그만큼 다른 아이들과 비교해서 괴롭고 고통스러운 체험을 하기 쉽다는 우려가 있습니다. 그러므로 발달 상태를 확실하게 파악하고 적절한 대응을 간구하는 것이 필요한 것입니다.

발달이 치우치거나 왜곡된 것 자체가 문제인 것은 아닙니다. 그러한 '개성'을 가진 아이들이 즐거워하고 행복해하며 매일을 보내는 것이 가장 중요합니다. 그래서 필요한 것을 열심히 생각해서 해 주면 좋겠다고 생각합니다. 가만히 있어 주지 않더라도 그것을 "활발하고 건강해서 좋다."고 받아들이는 환경이 된다면 어떤 특별 대응도 필요 없을 것입니다. 자주 이야기되긴 합니다만 '장애'란 안타깝게도 사회가 있기 때문에 존재하는 부분이 있습니다. "사회가 변하면 같은 일이라도 장애라고 생각하지 않는 것도 가능하다."는 것이 '배리어 프리'의 진짜 의미입니다. '장애 · 특성'을 가진 사람이 노력하지 않고도 그러한 특성을 갖지 않은 사람과 마찬가지로 생활할 수 있도록, 사회가 노력해야 한다는 사고방식인 겁니다.

발달장애 아동에게만 노력하라는 것은 적절하지 않다고 생각합니다. 눈이 부자유한 사람에게 스스로 노력해서 볼 수 있게 되라고는 아무도 요구하지 않는 것과 마찬가지입니다. 아이들에게만 노력하라고 요구하기보다는 우리들이 어떻게 해 주면 좋을지를 먼저 고민해야 하는 것이 아닐까요?

그리고 우리가 향해야 할 목표는 가만히 앉아 있을 수 있게 되는 것도, 글자를 쓸 수 있게 되는 것도 아니라고 생각합니다. 발달장애라는 개성을 가진 아이들이 오늘은 즐거웠다고 생각할 수 있는 날을 하루라도 늘려 주는 것, 그것이야말로 가장 소중한 목표가 아닐까요?

모든 아이들은 나중이 아니라 지금 즐겁다고 느낄 권리를 가지고 있습니다. 어제가 즐겁고 오늘이 즐겁고 내일도 즐거운 그런 날이 계속 된다면, 결국 미래도 행복한 나날이 되지 않을까요? 목표로 삼아야 할 것은 아이들의 마음을 건강하게 성장시키는 것입니다. 발달 지원은 수단일 뿐이지 목표가 아니라는 것을 알게 되면 좋겠다고 생각합니다.

참고할 만한 책

전반적 발달장애
『ADHD, LD, HFPDD, 軽度MR児 保健指導マニュアル－ちょっと気になる子供たちへの贈りもの』, 小枝達也 편집, 宮本信也 외 지음, 診断と治療社.

『教室で行う特別支援教育 － 育てるカウンセリングによる教室課題対応全書』, 国分康孝・国分久子 감수, 月森久江・朝日滋也・岸田優代 편집, 図書文化社.

『子どもに障害をどう説明するか』, 相川恵子・仁平義明 지음, ブレーン出版.

LD
『学習障害(LD) 及びその周辺の子供たち －特性に対する対応を考える－』, 尾崎洋一郎・中村敦・草野和子・池田英俊 지음, 同成社.

『学習障害(LD) 理解とサポートのために』, 柘植雅義 지음, 中央公論新社.

자폐증
『すぐに役立つ 自閉症児の特別支援Q&Aマニュアル』, 廣瀬有美子・東條吉邦・加藤哲文 편저, 東京書籍.

『自閉症ガイドブック』 시리즈 2, 學齡期 편, 日本自閉症協会.

『自閉症への親の支援 TEACCH入門(The TEACCH Approach To Autism Spectrum Disorders)』, Eric Schopler 편저, 田川元康 감수, 梅永雄二・新澤伸子・安部陽子・中山清司 옮김, 黎明書房.

『사랑하는 나의 아들아(光るとともに… －自閉症児を抱えて－)』, 1~12권(진행중), 토베 케이코 지음, 주정은 옮김, 자음과 모음.

고기능 자폐증 · 아스퍼거 증후군
『ぼくのアスペルガー症候群(Asperger's Syndrome: The Universe and Everything: Kenneth's Book)』, Kenneth Hall 지음, 野坂悦子 옮김, 東京書籍.

『あなたがあなたであるために － 自分らしく生きるためのアスペルガー症候群ガイド』, Lorna Wing 감수, 吉田友子 지음, 中央法規出版.

『高機能自閉症・アスペルガー症候群入門 － 正しい理解と対応のために』, 内山登紀夫・吉田友子・水野薫 지음, 中央法規出版.

『アスペルガー症候群と高機能自閉症の理解とサポート』 杉山登志郎 편저, 学習研究社.

ADHD(주의력결핍 · 과잉행동장애)
『애들아! 천천히 행동하고 주의집중하는 것을 배워 보자!(Learning to slow down and pay attention)』, Kathleen G. Nadeau & Ellen B. Dixon 지음, 양명희・황명숙 옮김, 학지사.

『아이와의 전쟁에서 승리하는 법(Win the whining war & other skirmishes)』, 신시아 위댐 지음, 강현주 옮김, 한울림.

『ぼくはADHD － 自分を操縦する方法(Only a Mother Could Love Him)』, Ben Polis 지음, 山本俊至 옮김, 三輪書店.

*이 외에도 국내에 나온 발달장애 서적들도 참고하시면 좋습니다.

집필자 소개

오치아이 미도리 落合みとリ (구상 · 집필 · 밑그림)

아스퍼거 증후군의 당사자. 자신의 체험을 바탕으로 발달장애가 있는 아이들의 치료와 상담을 하고 있다. 이 그림책은 본인 스스로가 지고 있는 문제를 누구나 알기 쉬운 형태로 하고자 작성한 웹페이지를 다시 엮은 것이다. 장애가 있는 것처럼은 보이지 않지만 가장 커다란 장애를 겪고 있는 아이들의 이야기를 많은 사람들에게 알리고 한 사람 한 사람에게 맞는 '특별한 방식'을 제공하는 계기가 되기를 바라면서 출판을 결심했다.

(내용 협력서) 『すぐに役立つ自閉症児の特別支援Q&Aマニュアル』2004

(번역서) 『アスペルガー症候群の子育て200のヒント』2006

미야모토 신야 宮本信也 (의학 해설)

1952년 아오모리 현 히로사키 시에서 태어났다. 가나자와대학 의학부를 졸업하고 부속 의과대학 소아과를 거쳐 쓰쿠바대학 대학원 인간종합과학 연구과 교수 · 소아과 의사로 있다. 전문 여역은 발달행동 소아과학이며 현재는 아이의 심신증 치료 가이드라인을 작성하고 일본의 소아 심신 의료의 진찰 체제를 확립하는 것을 목표로 하고 있다. 그 밖에 고기능 전반적 발달장애아동이나 학대를 받은 아동의 마음을 건전하게 양육하기 위하여 어떠한 지원을 필요로 할지에 대해 검토하고 있다. 이 숙제들이 일단락되면 산을 거닐거나 산기슭의 온천에 머물며 토속 술을 마시러 돌아다니는 것이 꿈이다.

(저서) 『臨床精神醫學講座11 兒童青年期精神障害』, 『ADHD, LD, HFPDD, 軽度MR児保健指導マニュアル―ちょっと気になる子供たちへの贈りもの』(공저) 외 다수

후지와라 히로코 ふじわら ひろこ (일러스트)

미야기 현 센다이 시에 살고 있다. 프리 일러스트레이터이다. 주로 인터넷에서 일러스트 캐릭터 디자인 등으로 활동한다. 아이들 대상의 그림책으로 학습서 · 교재 등에 많은 작품을 제공하고 있다.

(일러스트 제공 서적) 『きみもきっとうまくいく: 子供のためのADHDワークブック』2001 · 2007, 『自分の怒りをしずめよう: 子供のためのアンガー・マネージメント・ガイド』2008 외 다수

홈페이지 http://www.p-home.com

유정이 (감수)

서울대학교 교육학과를 졸업하고, 교육상담 전공으로 석사와 박사학위를 받았다. 한국청소년상담원에서 청소년과 그의 부모를 상담하는 일을 해 왔으며, 현재는 안양대학교 교육대학원 상담심리학과 교수로 재직 중이다.

(저서) 『심리치료의 거장』, 『상담 및 심리치료의 대인관정접근』 외 다수

우리는 모두 달라요

초판 1쇄 인쇄 2009년 12월 23일
초판 1쇄 발행 2010년 1월 8일

지은이 오치아이 미도리 · 미야모토 신야 · 후지와라 히로코
옮긴이 박은정

펴낸이 김선기
펴낸곳 주식회사 푸른길
출판등록 1996년 4월 12일 제16-1292호
주소 (137-060) 서울시 서초구 방배동 1001-9 우진빌딩 3층
전화 02-523-2009 | **팩스** 02-523-2951
이메일 pur456@kornet.net
홈페이지 www.purungil.com, 푸른길.kr

ISBN 978-89-6291-122-0 03370